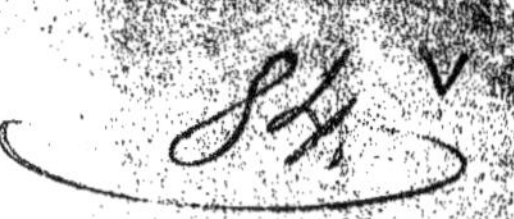

**Vente du Jeudi 5 Décembre 1867.**

# TABLEAUX

## DESSINS

## TAPISSERIES — CURIOSITÉS

### MEUBLES & AMEUBLEMENTS

Exposition publique le Mercredi 4 Décembre 1867

**M° CHARLES PILLET,**
COMMISSAIRE PRISEUR

**M. FRANCIS PETIT,**
EXPERT

**1867**

# CATALOGUE

DE

# TABLEAUX — DESSINS

## CURIOSITES — TAPISSERIES

## AMEUBLEMENTS & OBJETS DIVERS

*DONT LA VENTE AUX ENCHÈRES PUBLIQUES*

aura lieu

PAR SUITE DE DÉPART

H O T E L  D R O U O T, Salle N° 2

## Le Jeudi 5 Décembre 1867

A DEUX HEURES

Par le ministère de M° **Charles PILLET**, Commissaire-Priseur,
rue de Choiseul, 11,

Assisté de M. **Francis PETIT**, expert, 7, rue Saint-Georges.

*Chez lesquels se trouve le Catalogue.*

EXPOSITION PUBLIQUE

*Le Mercredi 4 Décembre 1867, de une heure à cinq heures.*

## CONDITIONS DE LA VENTE

Elle sera faite au comptant.

Les adjudicataires payeront *cinq pour cent* en sus des enchères.

———

948. — Paris. — Imprimerie de PILLET fil aîné, rue des Grands-Augustins, 5.

# DÉSIGNATION DES TABLEAUX

---

## TABLEAUX MODERNES

### COROT.

1 — Une Source dans les bois.

### DESHAYES.

2 — Village entouré d'arbres.

### J. DUPRÉ.

3 — Paysage. Berger gardant des moutons.

### DURAND BRAGER.

4 — Marine. Temps gris.

## DINÈS.

5 — Contrebandiers espagnols.

5 *bis* — Vue de la campagne de Rome.

## Ed. FRÈRE.

6 — Petit paysan mangeant la soupe.

## FRANCIA Fils.

7 — Plage de Bretagne.

## GARDANE.

8 — Officier de zouaves.

## GUDIN.

9 — Marine.

## Ch. JACQUE.

10 — Le Poulailler.

## KUVASSEG.

11 — Falaise battue par la mer.

2 — Vue des Iles d'Hyères.

## LAMBINET.

13 — Paysage. Pêcheur.

## LEFÈVRE.

14 — Intérieur d'atelier.

## OUDINOT (d'après Marilhat).

15 — Kiosque sur les bords du Nil.

## PATROIS.

16 — Scène russe.

## RUYPEREZ.

17 — Espagnol accordant sa mandoline.

## RIBOT.

18 — Tête de jeune fille.

## Ph. ROUSSEAU.

19 — Nature morte.

## TOURNEUX.

20 — Plage à marée basse.


## VAN HOVE.

21 — Intérieur hollandais.

---

# DESSINS MODERNES

### BONINGTON.

22 — Enfant sur une chaise. — Aquarelle.


### DECAMPS.

23 — Paysan se chauffant en fumant sa pipe. — Dessin.


### MARSAUD.

24 — L'Ami du Prisonnier.

# TABLEAUX ANCIENS

---

**BREEMBERG**

25 — Diane au bain.

**BOTH ET DOUDWEEN.**

26 — Paysage hollandais avec figures.

**BOURGUIGNON.**

27 — Combat de cavalerie.

**GASPARD DE CRAYER.**

28 — Adoration de la Vierge.

**LE DUCQ.**

29 — Intérieur d'auberge.

## FRANQUE le jeune.

30 — Christ en croix avec les Saintes Femmes.

## PALAMÈDE.

31 — Combat entre cavaliers et fantassins.

## STELLA.

32 — Jésus servi par les anges.

## ZORG.

33 — Alchimiste.

## VELASQUEZ.

34-35 — Le déjeûner maigre.

## ÉCOLE DE TENIERS.

3ô — Le Raccommodement.

37 — Concert de paysans.

## ÉCOLE DE CLAUDE LORRAIN.

38 — Soleil couchant sur la mer.


## DIVERS MAITRES.

39 — Plusieurs tableaux italiens.

40 — Deux natures mortes.

41 — Huit gouaches, sujets mythologiques.

# TAPISSERIES

42 — Grande tapisserie de Flandre, avec bordure représentant un sujet de l'histoire romaine.

> Long., 5 m. 70 cent.; haut., 2 m. 80 cent.

43 — Tapisserie double avec bordure, représentant des sujets tirés de l'Ancien Testament.

> Long., 6 m. 15 cent.; haut., 2 m. 90 cent.

44 — Autre tapisserie avec bordure, représentant des sujets tirés de l'Ancien Testament.

> Larg., 5 m. 20 cent.; haut , 3 m.

# CURIOSITÉS ET OBJETS DIVERS

45 — Deux vitraux peints.

46 — Le Chant du rossignol, gravure avant la lettre, pas Comte-Calixte.

47 — Éventail Louis XV, riche monture en nacre, garnie en argent et pierreries, sujet mythologique.

48 — Miniature sur ivoire.

49 — L'Ariane, de Millet; statuette.

50 — Plusieurs terres cuites : Pêcheurs de Dieppe, figuriner espagnoles etc.

51 — Deux vases étrusques.

52 — Le Vendredi-Saint; groupe en bronze.

53 — Cheval en liberté, de Barye.

54 — Fouine prise au piége ; groupe en bronze par Moignez.

55 — Deux flambeaux en bronze doré ; style Empire.

56 — Grand plat en porcelaine du Japon; décors à fleurs.

57 — Deux autres plus petits.

58 — Plat en faïence ; sujet d'après Boucher.

59 — Plaque de faïence, représentant un Paysage, par Bouquet.

60 — Petite garniture de cinq pièces, en porcelaine du Japon.

61 — Coupe montée en bronze, en porcelaine du Japon.

62 — Presse papiers en bronze.

63 — Objets d'étagère.

64 — Panoplie composée de : Deux épées anciennes. — Un casque. — Deux pistolets. — Un bouclier. — Un poignard. — Deux autres épées. — Quatre fleurets.

65 — Arquebuse ancienne, ornée d'incrustations en ivoire.

# MEUBLES, AMEUBLEMENTS

66 — Deux grands rideaux de fenêtre en reps vert, doublés de percale blanche avec bâtons, patères et embrasses.

67 — Rideaux et portières en perse bleue, à dessins et raies blanches, avec bâtons et embrasses.

68 — Quatre grands rideaux de fenêtre en reps vert, avec embrasses.

69 — Rideaux de lit semblables.

70 — Grands rideaux de fenêtre et portières en damas de laine, avec bâtons, franges et embrasses.

71 — Rideaux de cheminée et tablettes en damas de laine bleu.

72 — Rideaux de lit en damas de laine bleus, avec baldaquin.

73 — Courtepointe semblable.

74 — Tenture de boudoir en étoffe de laine à raies bleues et blanches, avec dessins de fleurs.

75 — Tapis de table en laine.

76 — Grand store, représentant Diane chasseresse.

77 — Suspension de salle à manger en cuivre avec lampe.

78 — Suspension en porcelaine, monture en bronze.

79 — Grande glace de forme carré long, avec bordure en étoffe bleue à dessins.

80 — Miroir à barbe, monté sur pied en acajou.

81 — Grande pendule et deux candélabres en fer ciselé avec émaux, représentant un Combat de chevaliers.

·2 — Galerie de foyer en fer ciselé, orné d'émaux.

83 — Chenets en bronze, pelle, pincette, garde-cendre et sceau à charbon.

84 — Chenets en fer.

85 — Chenets, pelle et pincettes en cuivre.

86 — Petits flambeaux en bronze.

87 — Grand meuble en noyer à deux corps, formant bureau, avec tiroirs dans le bas et vitrine dans le haut, poignées en fer ouvragé.

88 — Grand lit en bois sculpté à quatre faces, colonnes cannelées et baldaquin.

89 — Table de lit en bois sculpté, à colonnes.

90 — Lit en palissandre, avec sommier.

91 — Armoire à glace en palissandre, avec fronton cintré.

92 — Table à jeu en palissandre.

93 — Table de nuit en palissandre.

94 — Bidet en palissandre.

95 — Table à thé en acajou, à volets et pieds à X.

96 — Buffet-étagère en bois sculpté, à portes pleines dans le bas et vitrées dans le haut.

97 — Table à un seul pied, en bois sculpté avec rallonges.

98 — Table carrée en bois de chêne, à pieds tors.

99 — Petite console en bois doré.

100 — Quatre petites consoles-étagères, en bois sculpté.

101 — Deux grands fauteuils en bois, couverts en reps vert. avec clous d'acier.

102 — Deux chaises semblables.

103 — Huit chaises, à dossier élevé, en bois sculpté, couvertes en reps vert, avec clous d'acier.

104 — Un grand fauteuil, deux petits et une fumeuse, couverts en molesquine marron et capitonnée.

105 — Fauteuil capitonné en damas de laine bleu.

106 — Chaise capitonnée en étoffe semblable.

107 — Deux chaises en laque, foncées de canne.

108 — Plusieurs coussins, maroquin et laine.

109 — Service de table en porcelaine blanche, avec filets d'or et bruns.

110 — Tasses à café et à thé, en porcelaine anglaise.

111 — Cristaux de table : service complet, verres ordinaires, à champagne, bordeaux et liqueurs.

112 — Thé complet, en métal anglais.

113 — **Meubles courants :** Tables, lits, commode, toilette, chaises, glaces, coffre à bois, porte-manteaux, etc.

114 — Ustensiles de ménage et de cuisine.

115 — Lit en fer et literie complète.

116 — Piano en bois noir à sept octaves, de Blanchet.

117 — Harmoniflûte.

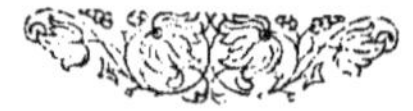